ARMIN TÄUBNER

Tangrami
für Kinder

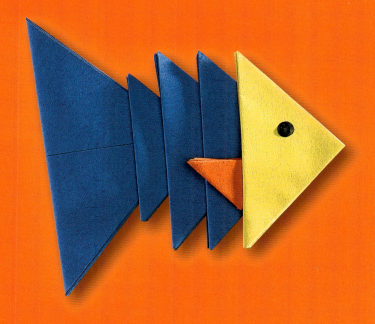

▶08

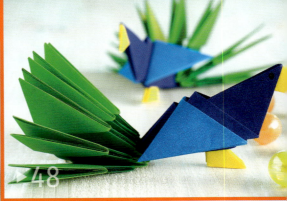
▶48

▶32

INHALT

05 VORWORT

06 GEOMETRISCHE FORMEN

06 **Hübsche Kronen**
08 **Dekorative Herzen**
10 **Witzige Windräder**
12 **Einfache Sternringe**
14 **Quadratische Anhänger**

▶ 36

16	**TIERE**
16	Bunter Fischschwarm
18	Im Hühnerstall
20	Schildi Schildkröt
22	Wendige Schlangen
24	Neugierige Waldbewohner
28	Hübsche Marienkäfer
30	Edle Fasane
32	Mein Dackel Wackel
34	Paradiesvögel
36	Flinke Krokodile
38	Schlanke Giraffen
40	Ganz viele Hunde
44	Familie Hoppel
46	Kleine Seehunde
48	Prächtige Pfaue

50	**PFLANZEN**
50	Blumen mit Stiel
52	Tannenbäume
54	Glockenblumenblüten

56 SO WIRD'S GEMACHT

63 QUICKFINDER

64 AUTOR/IMPRESSUM

Tangrami für Kinder

Der Begriff Tangrami setzt sich aus den Worten Tangram und Origami zusammen. Auf den Namen bin ich gekommen, weil die Falttechnik an Origami erinnert, und das Zusammensetzen von verschiedensten Figuren ähnelt sehr stark dem beliebten Geduldspiel Tangram.

Die Technik ist ganz einfach: Es werden Papierquadrate, die es schon fertig zugeschnitten als Faltblätter zu kaufen gibt, zu Dreiecken gefaltet. So entsteht ein Basismodul, mit dem sich eine unglaubliche Vielfalt an Modellen zusammenstecken lässt. Mit einer weiteren Faltung entsteht ein Ergänzungsmodul, das für einige Objekte zusätzlich benötigt wird.

Es macht riesigen Spaß, die verschiedensten Tiere, Pflanzen oder geometrischen Formen aus den Modulen zusammenzustellen, und es ist immer wieder überraschend, was aus einer einfachen Dreiecksform so alles entstehen kann.

Viel Spaß beim Falten und Zusammenstecken wünscht euch

Hübsche Kronen

ganz einfach gemacht

1 Alle Blätter zu Basismodulen falten. Dann die letzte Faltung wieder zurückklappen.

2a Nun hast du zwei Möglichkeiten, die Module ineinander zu stecken: Bei der blauen Krone und bei der blau-gelben Krone die Module stets von links bis zur senkrechten Faltlinie des vorherigen Moduls einstecken und ankleben.

2b Bei der rot-gelben Krone werden die Module so zusammengesteckt, dass eine Farbe (hier Rot) vollständig sichtbar ist. Die roten Module berühren sich an den Spitzen. Die gelben Module sind teilweise verdeckt, berühren sich aber ebenfalls an den Spitzen.

MOTIV-DURCHMESSER
ca. 5 cm, 8 cm und 11 cm

MATERIAL

KLEINE KRONE
* je 2 Faltblätter in Blau und Gelb, 10 cm x 10 cm

MITTLERE KRONE
* je 3 Faltblätter in Rot und Gelb, 10 cm x 10 cm

GROSSE KRONE
* je 3 Faltblätter in drei verschiedenen Blautönen, 10 cm x 10 cm

---

Mein Tipp für dich

Schöne Dekoration Als Tischschmuck sehen die Kronen auch toll aus, wenn du eine Vase oder ein Teelicht in ihre Mitte stellst.

GEOMETRISCHE FORMEN

Dekorative Herzen

tolle Geschenkidee

1 Zuerst steckst du zwei Herzbögen aus jeweils neun Basismodulen. Beginne unten. Die Doppelspitze zeigt nach unten. In dieses Modul werden von oben acht weitere Module locker eingesteckt, jeweils mit der Doppelspitze nach unten und der langen Seite nach außen. Nun die locker zusammengesteckten Module wie auf dem Foto zu einem Bogen formen. Noch einen zweiten Bogen zusammenstecken.

Dann werden beide Herzhälften mit zwei weiteren Dreiecken verbunden. Dazu steckst du das obere Verbindungsdreieck jeweils in das erste Dreieck der beiden Herzhälften ein. Beim unteren Verbindungsdreieck werden die Spitzen der Herzhälften eingesteckt.

2 Damit die Herzen nicht auseinanderfallen, solltest du die Dreiecke unbedingt zusammenkleben.

MOTIV-HÖHE
ca. 15 cm

MATERIAL PRO HERZ
* 20 Faltblätter in Rot oder Orange, 10 cm x 10 cm

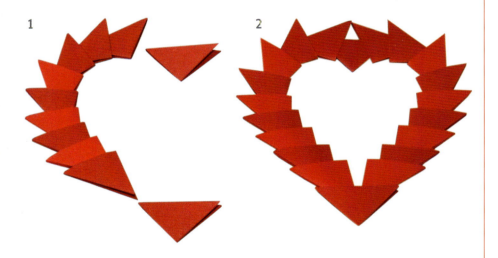

Mein Tipp für dich

Varianten gestalten Die Herzen können auch aus 22, 24 oder 26 Dreiecken gearbeitet werden. Als Variationen sind auch Herzen aus mehreren Rottönen oder in Rot-Weiß möglich.

GEOMETRISCHE FORMEN

Witzige Windräder

fröhlich und bunt im Kreis herum

1 Für das quadratische Windradzentrum die vier Module mit den Doppelspitzen nach rechts, also im Uhrzeigersinn, anordnen. Die längste Modulseite zeigt also stets zur Windradmitte. Die ersten drei Module lassen sich leicht zusammenstecken. Um das vierte Modul einzustecken, musst du die drei anderen Module etwas auseinanderziehen.

2 Ist das vierte Modul eingefügt, kann das so entstandene Mittelquadrat entweder nur etwas zusammengeschoben werden, sodass in der Mitte noch eine quadratische Öffnung bleibt, oder du schiebst es ganz zusammen.

3+4 In die vier Doppelschlitze am Rand werden jeweils ein, zwei oder, wie hier am blauen Beispiel, drei Module eingesteckt.

5 Ziehe den Draht halb durch die Holzperle und verdrehe beide Drahtenden direkt nach der Perle. Nun steckst du beide Drahtenden durch die Windradmitte, legst sie dann um das Holzstäbchen und verdrehst die Enden mehrfach. Die überstehenden Drahtenden werden mit dem Seitenschneider abgeschnitten.

MOTIVDURCHMESSER
ca. 13 und 14 cm

MATERIAL
GELB-ROTES WINDRAD
* je 4 Faltblätter in Gelb und Rot, 10 cm x 10 cm

WINDRAD IN DUNKELBLAU, ORANGE UND GELB
* je 4 Faltblätter pro Farbe, 10 cm x 10 cm

WINDRAD IN TÜRKIS, ROT UND GELB
* je 4 Faltblätter pro Farbe, 10 cm x 10 cm

AUSSERDEM
* Rundholzstäbchen, ø 5 mm, 30 cm lang
* farbige Holzperlen, ø 6 mm oder 10 mm
* Blumendraht in Schwarz, ø 0,4 mm, 10 cm lang
* Seitenschneider

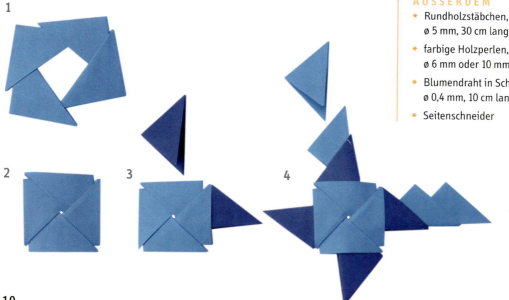

GEOMETRISCHE FORMEN

Einfache Sternringe
toller Effekt, ganz einfach gemacht

Stecke die gewünschte Anzahl an Elementen ineinander, indem du die Doppelspitzen in die Steckschlitze steckst und schließe sie dann zum Kreis. Der Durchmesser der Sternringe hängt davon ab, wie tief die Dreiecke ineinandergesteckt werden.

Hinter die Ringe kannst du ein zurechtgeschnittenes Foto kleben.

MOTIVDURCHMESSER
ca. 13 und 14 cm

MATERIAL
ORANGE-GELBER RING
* 15 Faltblätter, 10 cm x 10 cm, je 5 x in Gelb und 10 x in Orange

ROT-ORANGE-GELBER RING
* 18 Faltblätter, 10 cm x 10 cm, je 6 x in Rot, Orange und Gelb

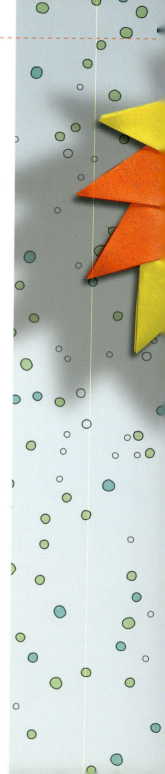

Mein Tipp für dich

Weihnachtsidee Als Schmuck für die Weihnachtszeit kannst du die Sternringe auch aus Gold- oder Silberfolie arbeiten. Sie sehen toll am Christbaum oder als Geschenkanhänger aus.

GEOMETRISCHE FORMEN

Quadratische Anhänger

schlicht und schön

1

2

3

1 Für den Anhänger in Lila und Pink ordnest du für das Mittelquadrat vier lilafarbene Module mit den Doppelspitzen nach rechts, also im Uhrzeigersinn, an. Die längste Dreieckseite zeigt also stets zur Mitte. Die ersten drei Module lassen sich leicht zusammenstecken. Um das vierte Modul einzustecken, musst du die drei anderen wieder etwas auseinanderziehen.

2 Ist das vierte Modul eingefügt, kann das so entstandene Mittelquadrat entweder nur etwas zusammengeschoben werden, dass in der Mitte noch eine kleine quadratische Öffnung bleibt oder du schiebst es ganz zusammen.

3 Jetzt werden an jeder Seite in die Schlitze des Mittelquadrates zwei pinkfarbene Module mit der Doppelspitze so eingesteckt, dass die beiden langen Seiten der Module dicht aneinanderliegen.

4 Für die anderen Anhänger wird das Mittelquadrat auf die gleiche Art (hier ein Beispiel in Gelb) hergestellt. Lege es dann so vor dich, dass eine Ecke nach oben zeigt. Nun ein kleines lilafarbenes Modul zwischen zwei pinkfarbene Module legen. Die Doppelspitzen der pinkfarbenen Module zeigen nach unten und die langen Seiten sind einander zugewandt.

5 Diese beiden Module leicht aufklappen und das kleine lilafarbene Modul einstecken. Anschließend das Ganze in das gelbe Mittelquadrat einstecken. Auf diese Art alle Elemente anbringen. Dann können die Motive aufgehängt werden (siehe auch Seite 54).

MOTIV-DURCH-MESSER
ca. 11 cm

MATERIAL ANHÄNGER IN LILA UND PINK
* 4 Faltblätter in Lila, 10 cm x 10 cm
* 8 Faltblätter in Pink, 10 cm x 10 cm

ANHÄNGER IN GELB, PINK UND LILA
* 4 Faltblätter in Gelb oder Pink, 10 cm x 10 cm
* 8 Faltblätter in Pink oder Gelb, 10 cm x 10 cm
* 4 Faltblätter in Lila, 7,5 cm x 7,5 cm

AUSSERDEM
* Vorstechnadel
* Häkelgarn in Pink oder Lila, ø 1 mm, ca. 30 cm lang

4

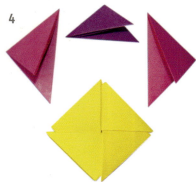

5

GEOMETRISCHE FORMEN

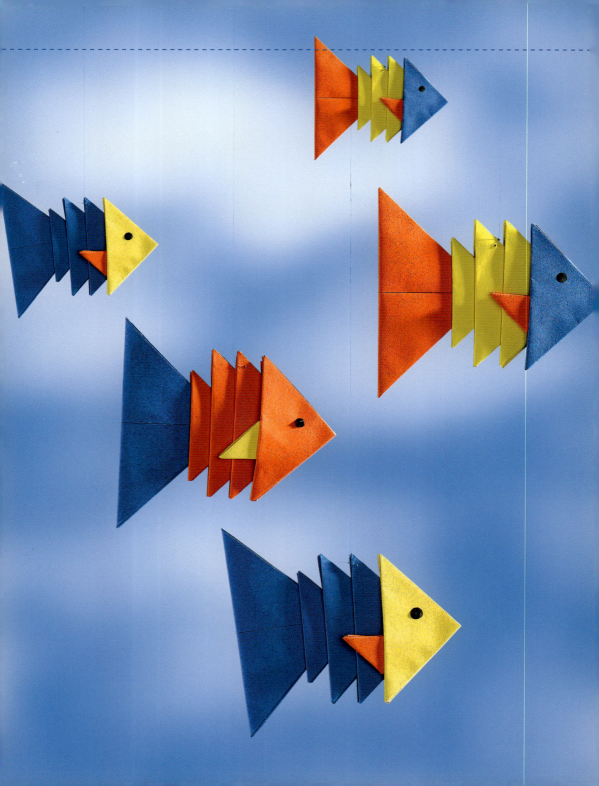

TIERE

Bunter Fischschwarm
im Meer unterwegs

MOTIVHÖHE
ca. 7 cm

MATERIAL
PRO FISCH
* 4 Faltblätter in Rot, Gelb oder Blau, 10 cm x 10 cm (Kopf, Rumpf und Schwanz)
* Faltblatt in Rot, Gelb oder Blau, 7,5 cm x 7,5 cm (Rumpf)
* 2 Faltblätter in Rot oder Gelb, 5 cm x 5 cm (Brustflossen)

1 Zuerst einmal ordnest du alle Module wie auf dem Foto an. Beim Modul für den Schwanz wird einfach die letzte Faltung weggelassen, er ist deshalb doppelt so groß wie die anderen beiden Rumpfdreiecke und das Kopfdreieck.

2 Auf die rote Schwanzflosse klebst du zuerst das mittelgroße gelbe Modul, dann die beiden Rumpfmodule und den blauen Kopf.

3 Die Brustflossenmodule mit der Doppelspitze nach rechts hinter den Kopfrand schieben, entweder mit der langen Seite nach oben oder unten. Die Augen auftupfen.

Mein Tipp für dich

Fische überall Die Fische kannst du auf eine Karte kleben, sie eignen sich prima als Geschenkanhänger oder du gestaltest mit ihnen ein Mobile, indem du sie an Nylonfaden aufhängst.

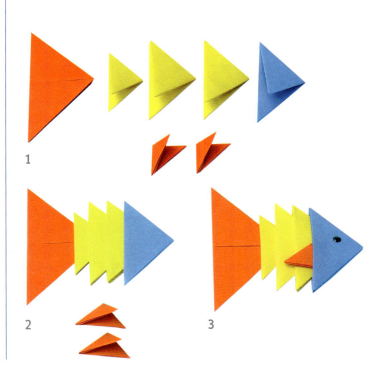

Im Hühnerstall

Federvieh ganz schnell gesteckt

1 Ein weißes Modul so legen, dass die Doppelspitze nach oben zeigt und dass sich die lange senkrechte Seite des Moduls links befindet. In die beiden Steckschlitze schräg von rechts unten zwei Module als Rumpf einstecken (die Doppelspitzen zeigen nach oben).

2 Das vierte weiße Modul ordnest du als Schwanz so an, dass die Doppelspitze nach links zeigt. Den Schwanz einstecken.

3 Das Schnabeldreieck mit der langen Seite nach unten und der Doppelspitze nach rechts in den weißen Kopf einstecken.

4 Weil der eingesteckte Schnabel die Doppelspitze des weißen Halses oben zusammenhält, kannst du jetzt den roten Kamm einstecken. Die Füße so einstecken, dass die Doppelspitzen als Krallen nach vorne zeigen. Beim brütenden Huhn werden die Füße einfach weggelassen.

5 Zum Schluss werden noch die Augen aufgetupft.

MOTIVHÖHE
ca. 6,5 cm
(stehendes Huhn)

MATERIAL PRO HUHN
* 4 Faltblätter in Weiß, 10 cm x 10 cm (Kopf, Rumpf und Schwanz)
* 3 Faltblätter in Gelb, 5 cm x 5 cm (Schnabel und Füße)
* Faltblatt in Rot, 5 cm x 5 cm (Kamm)

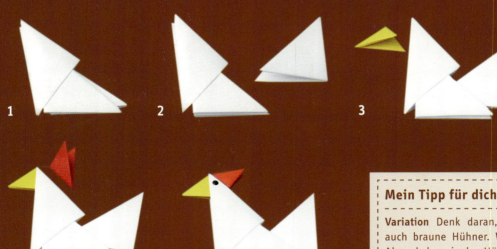

Mein Tipp für dich

Variation Denk daran, es gibt auch braune Hühner. Wenn du Abwechslung in den Hühnerstall bringen möchtest, verwende doch auch mal Papier in verschiedenen Brauntönen.

TIERE

Schildi Schildkröt

mit seiner Frau unterwegs

1 Bei zwei braunen Modulen auf die letzte Faltung verzichten. Links und rechts von diesen beiden Modulen jeweils ein Modul mit der Doppelspitze nach außen anordnen.

2 Die beiden großen Module in die beiden senkrechten Steckschlitze des linken Moduls stecken. Anschließend dasselbe mit dem rechten Modul machen.

3 Ordne den gelben Kopf so an, dass die Doppelspitze zum Panzer zeigt. Die gegenüberliegende Spitze schneidest du mit der Schere ab. Den Schwanz so anordnen, dass die Doppelspitze nach unten zeigt.

4 Kopf und Schwanz am Panzer einstecken. Zum Schluss Augen und Nasenlöcher auftupfen.

MOTIVHÖHE
ca. 4 cm

MATERIAL PRO SCHILDKRÖTE
* 4 Faltblätter in Braun oder Grün, 10 cm x 10 cm (Panzer)
* Faltblatt in Gelb, 7,5 cm x 7,5 cm (Kopf)
* Faltblatt in Gelb, 5 cm x 5 cm (Schwanz)

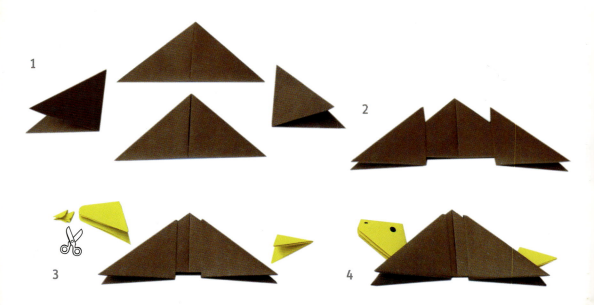

TIERE

Wendige Schlangen

kriechen durchs Unterholz

MOTIVLÄNGE
ca. 36 cm

MATERIAL
ROTE SCHLANGE
* je 5 Faltblätter in Rot, Orange und Braun, 10 cm x 10 cm
* 3 Faltblätter in Rot, 7,5 cm x 7,5 cm
* je 2 Faltblätter in Orange und Braun, 7,5 cm x 7,5 cm
* je 2 Faltblätter in Rot, Orange und Braun, 5 cm x 5 cm
* 2 Klebepunkte in Gelb, ø 8 mm

GRÜNE SCHLANGE
* Faltblätter, 10 cm x 10 cm: 5x in Hellgrün, 4x in Gelb
* 3 Faltblätter in Hellgrün, 7,5 cm x 7,5 cm
* je 2 Faltblätter in Grün und Gelb, 7,5 cm x 7,5 cm
* je 2 Faltblätter in Hellgrün, Grün und Gelb, 5 cm x 5 cm
* 2 Klebepunkte in Gelb, ø mm

TIERE

1 Für den Kopf ein großes, hellgrünes Modul mit der langen Seite nach unten und der Doppelspitze nach rechts zurechtlegen. Unten ein mittelgroßes, gleichfarbiges Modul in der gleichen Position zurechtlegen.

2 Nun das kleinere Modul in das größere schieben, sodass das Maul etwas geöffnet ist. Um alles zu fixieren, die Doppelspitze des großen Moduls in ein weiteres großes grünes Modul (lange Seite unten, Doppelspitze zeigt nach rechts) stecken. Als Auge einen Klebepunkt anbringen.

3 Nun steckst du für den Körper die gleichgroßen Module stets in derselben Reihenfolge zusammen, dabei zeigt die lange Seite nach unten und die Doppelspitze nach rechts.

4 Ganz zum Schluss tupfst du Pupille und Nasenloch auf und steckst die Teile zusammen.

TIERE

Neugierige Waldbewohner
Füchse auf Entdeckungstour

MOTIVHÖHE
sitzender Fuchs ca. 7 cm
springender Fuchs ca. 6,5 cm

MATERIAL
SPRINGENDER FUCHS
* 6 Faltblätter in Orange, 10 cm x 10 cm
* 4 Faltblätter in Orange, 5 cm x 5 cm
* Faltblatt in Weiß, 5 cm x 5 cm

SITZENDER FUCHS
* 5 Faltblätter in Orange, 10 cm x 10 cm
* 4 Faltblätter in Orange, 5 cm x 5 cm
* Faltblatt in Weiß, 5 cm x 5 cm

Springender Fuchs

1 Als Vorderbeine ein Modul mit der langen Seite nach links und der Doppelspitze nach unten auf dem Tisch anordnen. Rechts daneben als Rumpf zwei orangefarbene Module mit der langen Seite nach unten und der Doppelspitze nach links anordnen.

2 Die Teile für den Rumpf nach links ineinanderstecken. Nun den Rumpf schräg von oben in das Vorderbeinmodul stecken. Als Hinterbeine zwei Module mit der langen Seite nach unten und der Doppelspitze nach vorne hinter dem Rumpf anordnen.

3 In die beiden Schlitze des hinteren Rumpfmoduls jeweils ein Hinterbeinmodul einstecken.

4 Die fünf kleinen Schwanzmodule mit der langen Seite nach oben ineinanderstecken und hinten in die Hinterbeinmodule einstecken. Beim Kopfmodul die Ohren umklappen.

5 Die Nase schwarz anmalen, die Augen auftupfen und abschließend den Kopf aufstecken.

TIERE

Sitzender Fuchs

1 Drei orangefarbene Module mit der Doppelspitze nach oben anordnen. Das obere Modul ist der Rumpf.

2 Stecke nun die beiden anderen Module als Vorderbeine von unten in die Schlitze des Rumpfmoduls ein.

3 Das Hinterbeinmodul wird mit der Doppelspitze nach links von hinten über die Vorderbeine geschoben und angeklebt. Achte darauf, dass Vorder- und Hinterbeine auf der Unterseite eine Linie bilden, damit der Fuchs sitzen kann.

4 Die fünf kleinen Schwanzmodule mit der langen Seite nach unten ineinanderstecken und hinten in das Hinterbeindreieck einstecken. Beim Kopfmodul klappst du die Doppelspitze als Ohren um und steckst es dann auf das Rumpfmodul.

5 Zum Schluss malst du die Nase schwarz an, tupfst die Augen auf und steckst den Kopf auf.

Hinweis: Die Bäume werden auf Seite 52 beschrieben.

Hübsche Marienkäfer

viele kleine Glücksbringer

1 Das schwarze Modul so auf den Tisch legen, dass die Ecke mit der Doppelspitze nach rechts zeigt. Darunter die beiden roten Module so anordnen, dass die beiden langen Seiten einander zugewandt sind und die Ecken mit den Doppelspitzen nach oben zeigen.

2 Jetzt steckst du zuerst das linke, dann das rechte rote Modul in das schwarze und zwar so, dass beide roten Module dicht aneinanderliegen.

3 Zum Schluss kannst du die Punkte auftupfen.

Mein Tipp für dich

Tolles Geschenk Marienkäfer-Glücksbringer sind eine tolle Geschenkidee. Du kannst sie auf eine Karte kleben, an einem Band aufhängen oder auf einer Süßigkeit fixieren – Glück bringen sie in jedem Fall.

MOTIVHÖHE
ca. 5,5 cm

MATERIAL PRO MARIENKÄFER
* 2 Faltblätter in Rot, 10 cm x 10 cm
* Faltblatt in Schwarz, 7,5 cm x 7,5 cm

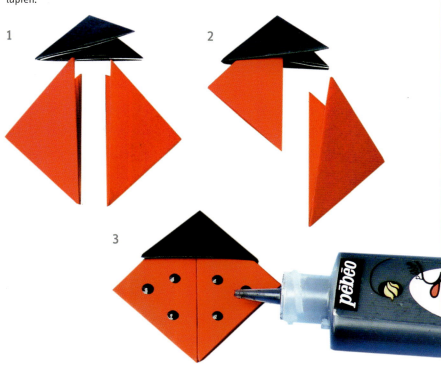

TIERE

Edle Fasane

prächtige Vögel

1 Für den Rumpf ein rotes Modul so anordnen, dass die Doppelspitze nach rechts weist. Ein zweites rotes Modul mit der langen Seite nach unten ausrichten. Die Doppelspitze weist nach links.

2 Diese beiden Spitzen in die Doppelspitze des anderen Moduls stecken.

3 Aus grünen Faltblättern zwei Ergänzungsmodule falten.

4 Die beiden Ergänzungsmodule als Schwanz in die beiden Steckschlitze am Fasanenrumpf kleben.

5 Zwei kleine gelbe Module als Schnabel bzw. Füße einstecken und einkleben. Zum Schluss die Augen auftupfen.

MOTIVHÖHE
ca. 4,5 cm

MATERIAL PRO VOGEL

* 2 Faltblätter in Braun, Grün oder Rot, 10 cm x 10 cm (Rumpf)
* 2 Faltblätter in Rot oder Grün, 7,5 cm x 7,5 cm (Schwanz)
* 2 Faltblätter in Gelb, 5 cm x 5 cm (Schnabel und Füße)

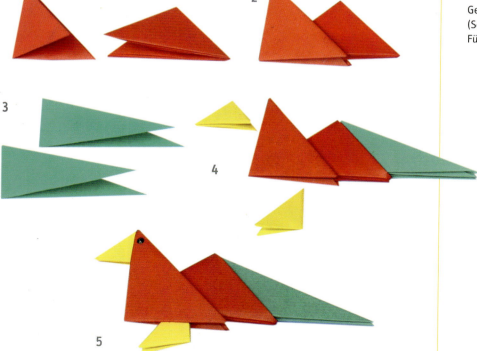

TIERE

TIERE

Mein Dackel Wackel

macht brav „Sitz"

1+2 Das ockerfarbene Rumpfmodul so legen, dass die Doppelspitze nach oben zeigt. Dann kannst du das mittelgroße, gleichfarbige Hinterleibsmodul mit der Doppelspitze nach oben halb einstecken. Rechts daneben steckst du zwei mittelgroße braune Module als Vorderbeine mit der Doppelspitze nach oben ein.

3 Für den Kopf das ockerfarbene Modul so legen, dass die Doppelspitze nach oben zeigt. Diese Spitzen als Ohren nach unten falten. Die Schnauze wird mit der Schere abgerundet. Das kleine braune Schwanzmodul so anordnen, dass die Doppelspitze nach rechts zeigt. Die nach oben ragende Schwanzspitze rundest du mit der Schere ab. Dann kannst du den Schwanz in das Hinterleibsdreieck und den Kopf auf den Rumpf stecken.

4 Zum Schluss musst du nur noch Nase und Augen aufmalen.

MOTIVHÖHE
ca. 6 cm

MATERIAL PRO HUND
* 2 Faltblätter in Ocker, 10 cm x 10 cm (Kopf und Rumpf)
* Faltblatt in Ocker, 7,5 cm x 7,5 cm (Hinterleib)
* 2 Faltblätter in Braun, 7,5 cm x 7,5 cm (Vorderbeine)
* Faltblatt in Braun, 5 cm x 5 cm (Schwanz)

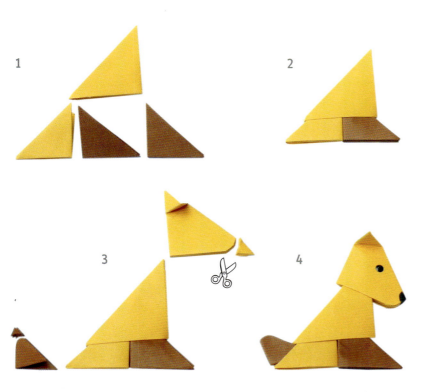

Paradiesvögel

fleißig auf der Suche nach Futter

1 Für den Rumpf ein pinkfarbenes Modul so legen, dass die Doppelspitze nach links oben zeigt und die lange Seite oben ist. Die zwei weiteren pinkfarbenen Module so legen, dass die Doppelspitze nach links oben zeigt.

2 Jetzt steckst du die beiden Module schräg von rechts mit der Doppelspitze nach links etwa zur Hälfte ein. In diese beiden Module von unten jeweils ein mittelgroßes, orangefarbenes Modul einstecken. Die Doppelspitze der beiden Module zeigt nach links.

3 Für den Kopf steckst du das mittelgroße, orangefarbene Modul mit der Doppelspitze nach rechts in die lange Seite des b.auen Kopfmoduls.

4 Dann wird der Kopf auf den Rumpf gesteckt. Der Schwanz besteht aus zwei türkisfarbenen Modulen mit der Doppelspitze nach links unten. Sie werden schräg von cben mit den Doppelspitzen in die beiden pinkfarbenen Rumpfmodule des Hinterleibs gesteckt.

5 Zum Schluss werden noch die Augen aufgetupft.

MOTIVHÖHE
ca. 7 cm

MATERIAL PRO VOGEL
* 3 Faltblätter z. B. in Pink, 10 cm x 10 cm (Rumpf)
* 2 Faltblätter z. B. in Türkis, 10 cm x 10 cm (Schwanz)
* Faltblatt z. B. in Türkis, 7,5 cm x 7,5 cm (Kopf)
* 3 Faltblätter z. B. in Orange, 7,5 cm x 7,5 cm (Schnabel und Füße)

TIERE

Flinke Krokodile

gar nicht gefährlich

MOTIVHÖHE
ca. 5 cm

**MATERIAL
PRO KROKODIL**

* 6 Faltblätter in Hellgrün, 10 cm x 10 cm (Rumpf und Kopf)
* 5 Faltblätter in Grün, 10 cm x 10 cm (Rumpf)
* 2 Faltblätter in Hellgrün, 7,5 cm x 7,5 cm (Schwanz)
* Faltblatt in Grün, 7,5 cm x 7,5 cm (Schwanz)
* 13 Faltblätter in Grün, 5 cm x 5 cm (Schwanzspitze und Beine)
* Filzstift in Gelb
* sehr feiner Filzstift in Schwarz

TIERE

1 Für den Rumpf neun grüne Module (5 x grün, 4 x hellgrün) ineinanderstecken, die Doppelspitzen zeigen dabei nach links, Richtung Schwanz. Als Schwanz drei mittelgroße Dreiecke (2 x hellgrün, 1 x grün) und ein kleines grünes Modul ineinanderstecken, wobei die Doppelspitzen dabei auch nach links zeigen. Als Schultern bzw. Hüften jeweils ein kleines grünes Modul mit der langen Seite nach unten anordnen.

2 Stecke die kleinen Module am Rumpf ein; vom Hals aus gezählt zwischen dem dritten und vierten sowie zwischen dem achten und neunten Modul.

3 Für die Beine jeweils zwei kleine grüne Module so anordnen, dass sich die lange Seite unten befindet.

4 Stecke die ineinandergesteckten Beine auf die Schulter- bzw. Hüftmodule.

5 Für den Kopf faltest du zwei hellgrüne Ergänzungsmodule, öffnest sie, trägst Klebstoff auf und klappst sie wieder zusammen. So entstehen zwei Dreiecke ohne Doppelspitze. Für die Augenwülste an jedem der beiden Dreiecke die obere Ecke nach hinten falten.

6 Die vordere Hälfte beider Dreiecke als Kopf aufeinanderkleben und die Schnauzenspitze abschneiden. Male Augen, Maul und Nasenlöcher auf.

7 Dann kannst du den Kopf aufstecken.

Schlanke Giraffen

grazil und elegant unterwegs

MOTIVHÖHE
ca. 11 cm

**MATERIAL
PRO GIRAFFE**
* 4 Faltblätter in Gelb, 10 cm x 10 cm (Körper und Hals)
* 2 Faltblätter in Gelb, 5 cm x 5 cm (Kopf und Ohren)

1 Für den Rumpf zwei Module mit den Doppelspitzen (als Beine) nach unten anordnen.

2 Klappe die Module auf und schiebe sie ineinander.

3 Dann klappst du sie wieder nach unten zusammen.

4 Für den Hals faltest du zwei Ergänzungsmodule.

5 Klebe diese jeweils so zusammen, dass zwei flache Dreiecke entstehen.

6 Diese beiden Dreiecke als Hals von oben in die beiden Schlitze des Rumpfes einstecken. Die lange Seite der Halsdreiecke ist dabei die Nackenseite, dadurch ist die Vorderseite des Halses fast senkrecht.

7 Auf die beiden Spitzen des Halses steckst du das kleine Ohrenmodul mit der Doppelspitze nach oben auf. Das zweite kleine Modul als Kopf mit der Doppelspitze nach links und der langen Seite nach unten auf das Ohrendreieck aufkleben.

8 Zum Schluss werden die Augen aufgetupft.

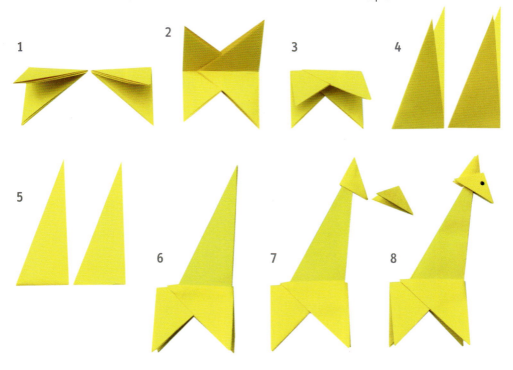

TIERE

TIERE

Ganz viele Hunde

auf der Suche nach einem Leckerli

Liegende Hunde

1 Als Vorderbeine zwei Module mit der langen Seite nach unten und den Doppelspitzen nach rechts anordnen. Das Modul für den Rumpf mit der Doppelspitze nach rechts und der langen Seite schräg nach rechts anordnen.

2 Die beiden Beinmodule in die beiden senkrechten Schlitze des Rumpfmoduls stecken.

3 Für die Hinterbeine ordnest du zwei Module mit der langen Seite nach unten und der Doppelspitze nach links hinter dem Rumpf an.

4 Jetzt werden die Hinterbeine in den Rumpf gesteckt. Dahinter das Rückenmodul mit der Doppelspitze nach links anordnen.

5 Stecke die beiden Spitzen des Rückendreiecks jeweils von hinten in das linke bzw. rechte Hinterbeinmodul. Als Schwanz fünf kleine Module mit der langen Seite nach unten so ineinanderstecken, dass die Doppelspitze nach links zeigt. Für den Kopf das Modul mit der langen Seite nach unten und der Doppelspitze nach rechts anordnen. Als Ohren zwei kleine Module einstecken. Dann malst du die Augen und die Schnauze auf.

6 Stecke den Schwanz in das Rückenmodul und den Kopf in die Vorderbeinmodule. Schon ist der Hund fertig!

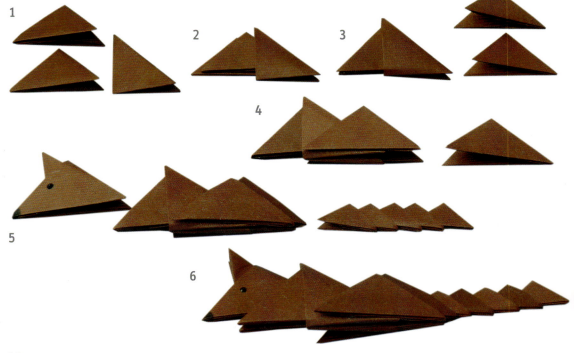

TIERE

Laufende Hunde

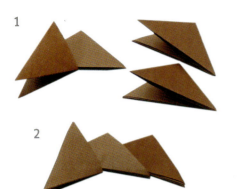

1 Das Modul für den Hinterleib so legen, dass links die lange Seite ist und die Doppelspitze als Beine nach unten weist. Das Modul für den Rumpf mit der langen Seite nach unten und der Doppelspitze nach links anordnen. Zwei Module als Vorderbeine mit der Doppelspitze nach links anordnen.

2 Das Rumpfmodul steckst du in das Hinterleibsmodul. Die beiden Module für die Vorderbeine steckst du schräg von rechts oben in das Rumpfmodul ein.

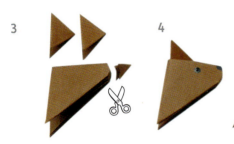

3 Für den Kopf legst du das Modul so, dass die Doppelspitze nach links unten zeigt. Die Schnauze wird mit der Schere abgerundet. Die beiden kleinen Module als Ohren jeweils mit der Doppelspitze nach unten anordnen.

4 Stecke die Ohren in den Kopf und male die Augen und die Schnauze auf.

5 Zum Schluss wird der Kopf von oben in die beiden Vorderbeinmodule gesteckt.

MOTIVHÖHE
laufende Hunde ca. 6,5 cm
liegende Hunde ca. 4,5 cm

MATERIAL
LIEGENDE HUNDE
* 7 Faltblätter in Braun, 10 cm x 10 cm (Rumpf und Kopf)
* 7 Faltblätter in Braun, 5 cm x 5 cm (Ohren und Schwanz)

LAUFENDE HUNDE
* 5 Faltblätter in Braun, 10 cm x 10 cm (Rumpf, Kopf und Beine)
* 2 Faltblätter in Braun, 5 cm x 5 cm (Ohren)

Familie Hoppel

genießt den Frühling

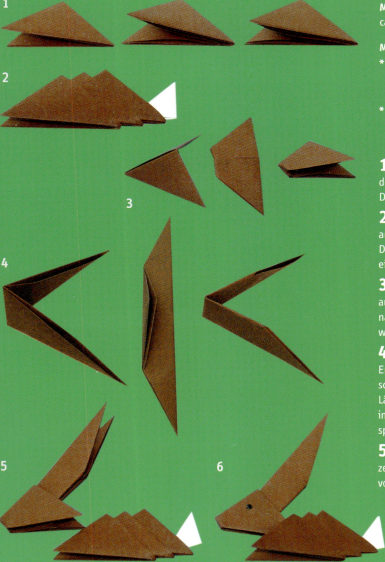

MOTIVHÖHE
ca. 8 cm

MATERIAL PRO HASE
* 5 Faltblätter in Weiß, Hellbraun oder Braun, 10 cm x 10 cm (Kopf, Ohren und Rumpf)
* Faltblatt in Weiß, 5 cm x 5 cm (Schwanz)

1 Für den Rumpf drei Module mit der langen Seite nach unten und der Doppelspitze nach links anordnen.

2 Stecke die Rumpfmodule ineinander. Das Schwanzmodul mit der Doppelspitze nach links in den Rumpf einstecken.

3 Klappe das Modul für den Kopf auf, die Spitze faltest du als Schnauze nach unten, dann faltest du das Modul wieder zusammen.

4 Für die Ohren brauchst du ein Ergänzungsmodul. Damit die Ohren schmaler werden, werden sie der Länge nach zur Hälfte gefaltet. Dann in der Mitte falten, damit die Ohrenspitzen aufeinanderliegen.

5 Jetzt den Kopf mit der Doppelspitze in den Rumpf einstecken, die Ohren von hinten am Kopf einstecken.

6 Zum Schluss die Augen auftupfen und fertig ist ein Hase.

TIERE

Kleine Seehunde

tummeln sich im Meer

1 Für Hinterleib und Schwanzflosse vier Module (1x groß, 1x mittel, 2x groß) mit der langen Seite nach unten und der Doppelspitze nach links anordnen.

2 Dann die Module ineinanderstecken.

3 Als Oberkörper steckst du zwei große Module mit den langen Seiten einander zugewandt jeweils mit den Doppelspitzen in den Hinterleib.

4 Für die Brustflossen aus den beiden restlichen mittelgroßen Faltblättern zwei Ergänzungsmodule falten. Die Module in der Mitte aufklappen und eine Hälfte am Oberkörper entlang in das vorderste Hinterleibsmodul einstecken.

5 Als Hals wird ein großes Modul mit der langen Seite nach hinten und der Doppelspitze nach unten ein wenig in den Oberkörper gesteckt. Das letzte große Modul für den Kopf mit der Doppelspitze in das Halsdreieck einstecken. Die Schnauze mit der Schere noch ein wenig abrunden. Zum Schluss werden die Augen aufgetupft.

MOTIVLÄNGE
ca. 15 cm

MATERIAL PRO SEEHUND
* 7 Faltblätter in Hell- oder Dunkelblau, 10 cm x 10 cm
* 3 Faltblätter in Hell- oder Dunkelblau, 7,5 cm x 7,5 cm

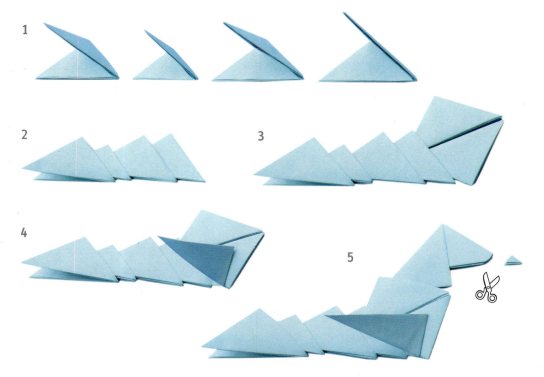

TIERE

Prächtige Pfaue

zeigen ihr Rad

MOTIV-LÄNGE
ca. 12 cm

MATERIAL PRO PFAU

* 25 Faltblätter, 10 cm x 10 cm: 2 x in Hellblau (Flügel), 3 x in Blau (Körper), 13 x in Hellgrün (Schwanz) und 7 x in Grün (Schwanz)

* 3 Faltblätter in Gelb, 5 cm x 5 cm (Schnabel und Füße)

TIERE

1 Für den Rumpf in den blauen Hinterleib (Modul mit langer Seite nach unten und Doppelspitze nach links) beidseitig zwei aufgeklappte hellblaue Module mit der langen Seite nach oben als Flügel einstecken.

2 In die hellblauen Flügel steckst du als Oberkörper ein blaues Modul mit den Doppelspitzen voran ein. Kleine gelbe Module (Doppelspitze nach oben) als Füße ganz vorne am Hinterleibsmodul einstecken.

3 In ein weiteres blaues Modul (Hals samt Kopf) steckst du als Schnabel ein gelbes Modul mit der Doppelspitze voran.

4 Dann kannst du das Hals-Kopfmodul in den Oberkörper stecken.

5 Als Schwanz klappst du zwei hellgrüne Module auf und legst sie nebeneinander. Auf zwei nebeneinanderliegende Spitzen steckst du ein grünes Modul auf (siehe auch Seite 61).

6 Lege wieder ein hellgrünes Modul an und stecke wieder auf die beiden nebeneinanderliegenden Spitzen ein grünes Modul auf.

7 So arbeitest du weiter, bis sich im inneren Bogen sechs hellgrüne Module befinden, auf die versetzt sieben grüne Module aufgesteckt sind.

8+9 Jetzt wird auf jedes der sieben grünen Module ein hellgrünes Modul aufgesteckt.

10 Nun den Hinterleib am Schwanz einstecken und die Augen auftupfen.

PFLANZEN

Blumen mit Stiel

tolle Geschenkidee

MOTIV-
DURCHMESSER
ca. 8 cm

MATERIAL
PRO BLÜTE
* je 5 Faltblätter in Gelb und Lila, 10 cm x 10 cm
* 3 Faltblätter in Grün, 10 cm x 10 cm
* Aludraht in Grün, ø 3 mm, ca. 30 cm lang
* Seitenschneider (Draht abschneiden)

1 Für die Blüte stellst du zwei gelbe Module nebeneinander sowie in deren Mitte ein lilafarbenes Modul mit der langen Seite nach unten und den Doppelspitzen nach außen auf den Tisch (siehe auch Seite 61).

2 Stecke nun je eine Spitze eines gelben Moduls in einen Steckschlitz des lilafarbenes Moduls.

3 Die komplette Blüte aus jeweils fünf gelben und fünf lilafarbenen Modulen zusammenstecken und mit Klebstoff fixieren.

4 Falte die Quadrate für die Blätter zu Ergänzungsmodulen. Drehe dann die Blüte um, gebe in die Öffnung in der Mitte etwas Klebstoff und stecke hier ein Ende des Aludrahtes ein. Klappe die Blätter auf, lege sie um den Draht und fixiere sie mit Klebstoff.

Mein Tipp für dich

Verschiedene Farben Es sieht auch toll aus, wenn du ganz viele Blüten in verschiedenen Farben arbeitest und diese dann zu einem Strauß zusammenfasst.

Tannenbäume

tolle Ergänzung zu den Tieren

1 Die Module je so anordnen, dass die Doppelspitzen nach oben zeigen. Auf der gegenüberliegenden Seite befinden sich dann immer die beiden Einsteckschlitze, in die du die Doppelspitzen steckst.

2 Stecke alle Module ineinander – schon ist die Tanne fertig!

Mein Tipp für dich

Anwendungen Die Bäume eignen sich toll als Christbaumanhänger. Wenn du magst, verzierst du sie mit Malglitter oder selbstklebenden Sternen. Du kannst sie aber auch z. B. zu den Füchsen oder anderen Tieren stellen, um eine Landschaft zu gestalten.

MOTIV-HÖHE
ca. 9 cm

MATERIAL PRO TANNE
* 6 Faltblätter in Hell- oder Dunkelgrün, 10 cm x 10 cm

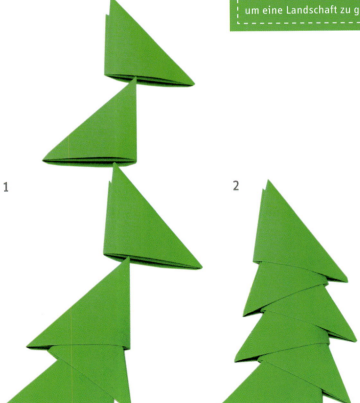

1 2

PFLANZEN

Glockenblumenblüten

geniale Geschenk- und Dekorationsidee

MOTIVHÖHE
ca. 5,5 cm

MATERIAL PRO BLÜTE
* 3 Faltblätter in Hell- und Dunkelblau und Pink, 10 cm x 10 cm
* Faltblatt in Grün, 5 cm x 5 cm
* Häkelgarn in Hellgrün, ø 1 mm, ca. 30 cm lang
* Vorstechnadel

1 Zwei große Module so anordnen, dass die beiden langen Seiten einander zugewandt sind und die Doppelspitzen nach unten zeigen. Dazwischen ein Modul mit der langen Seite nach unten legen.

2 Die beiden Module auf das mittlere stecken und ankleben.

3+4 Das kleine grüne Dreieck als Kelchblätter auf die blaue Blüte aufstecken und ankleben.

> **Mein Tipp für dich**
>
> **Anwendung** Die fertigen Blüten entweder auf eine Karte kleben oder die grünen Kelchblätter mit einer Vorstechnadel durchstechen, einen grünen Faden durchziehen und dann die Blüten an einem Mobile oder einem Zweig aufhängen. Anstelle des Fadens kann auch ein grüner Blumen- oder Wickeldraht durchgezogen und dann zu einem Bügel bzw. Glockenblumenstiel gebogen werden.

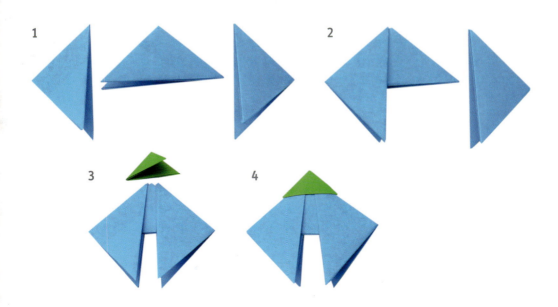

PFLANZEN

Materialien und Werkzeuge

PAPIERE Quadratische Faltblätter eignen sich perfekt für Tangrami. Für die gezeigten Objekte werden drei Größen verwendet: 5 cm x 5 cm, 7,5 cm x 7,5 cm und 10 cm x 10 cm. Am besten eignen sich Faltblätter aus durchgefärbtem Papier. Außerdem können auch Faltblätter aus Transparentpapier und Seidenraupen-Transparentpapier verwendet werden. Dickere Papiere lassen sich nicht so exakt falten und sind deshalb ungeeignet.

Als Kleber eignen sich alle ALLESKLEBER. Keinen Klebstoff ohne Lösungsmittel verwenden, sonst wellt sich das Papier.

Die Faltlinien werden entweder mit dem Fingernagel oder einem FALZBEIN nachgezogen, damit die Falten bzw. Kanten sehr scharf sind.

Mit FILZSTIFT oder Konturenfarbe werden Augen, Nasen oder Nasenlöcher aufgetupft.

SO WIRD'S GEMACHT

TOPP-Tipps

Origami-papier

Origamipapier eignet sich von der Qualität her gut, allerdings ist es meist nur einseitig bedruckt. Wenn es diagonal gefaltet wird, ist zwar nur noch die bedruckte Seite sichtbar, man sieht aber die weißen Kanten.

Papier selbst zuschneiden

Wenn du nur Faltblätter der Größe 10 cm x 10 cm und ggf. auch 15 cm x 15 cm hast, kannst du die Faltblätter einfach vierteln und schon hast du die anderen Größen. Das Vierteln geht am einfachsten mit Cutter und Geodreieck® auf einer Schneideunterlage.

Papiergrößen variieren

Du kannst für die Modelle auch Papier in anderen Größen, z. B. 15 cm x 15 cm oder 20 cm x 20 cm verwenden. Dann werden die Modelle eben entsprechend größer.

Zusammenstecken der Module

Die Modelle werden alle zusammengesteckt. Es ist empfehlenswert, die Teile beim Zusammenstecken zusätzlich noch mit Alleskleber zu fixieren. Damit keine Klebstoffspuren auf dem Modell sichtbar sind, den Klebstoff nur auf die Innenseite der Doppelspitze auftragen.

Auftragen von Konturenfarbe

Damit dir Punkte und Augen gut gelingen, solltest du so vorgehen: Halte die Flasche senkrecht ca. 1 mm über das Papier. Die Spitze der Tülle berührt also das Papier nicht. Nun die Flasche oder Tube leicht zusammendrücken, sodass nur die Farbe das Papier berührt, und dann die Flasche senkrecht wegziehen. So wird der Punkt gleichmäßig rund und sieht aus wie ein kleiner Hügel.

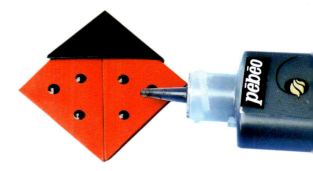

57

So wird's gemacht

Tangrami-Modelle werden hauptsächlich mit einem gefalteten, dreieckigen Modul, dem sogenannten Basismodul, gearbeitet. Ein zweites Modul, das Ergänzungsmodul, wird aufgrund seiner schmalen, langen Form vor allem für Blätter, Köpfe und Hälse verwendet. Grundlage beider Module ist ein Quadrat. Sie sind beide ganz einfach zu falten.

Basismodul

1 Zuerst legst du das Faltblatt auf einer Spitze stehend vor dich auf den Tisch. Dann wird es diagonal nach oben gefaltet, sodass ein Dreieck entsteht. Die lange Seite befindet sich unten.

2 Im zweiten Schritt faltest du die rechte Ecke auf die obere, mittlere Ecke.

3 Jetzt ist die linke Ecke dran. Auch sie wird auf die obere, mittlere Ecke gefaltet. Nun hast du ein Quadrat vor dir liegen.

4 Wende jetzt das Quadrat. Die nach oben gefalteten Spitzen bleiben oben.

5 Falte nun die obere Lage des Quadrats nach vorne und unten.

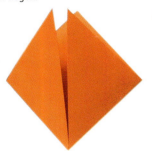

SO WIRD'S GEMACHT

6 Dann ist die rechte Spitze dran, auch sie wird von oben nach unten gefaltet.

7 Das Gleiche gilt für die linke Spitze. Falte sie von oben nach unten. Wenn du alles richtig gemacht hast, liegt nun ein Dreieck vor dir.

8 Zum Schluss wird noch die rechte Hälfte des Dreiecks nach links gefaltet.

9 Schon ist das Basismodul fertig.

10 So sieht das Basismodul im Detail aus. Deutlich sind zwei Einsteckschlitze zu erkennen. Das Modul steht hier auf seiner langen Seite, die Doppelspitze zeigt nach hinten.

Ergänzungsmodul

1 Zuerst legst du das Faltblatt auf der Spitze stehend vor dich. Dann wird es diagonal gefaltet und gleich wieder geöffnet. Jetzt ist eine senkrechte Faltlinie zu sehen.

2 Falte die rechte Seite so zur Mittellinie, dass oben eine schmale Spitze entsteht.

3 Dann wird die linke Seite ebenso zur Mittellinie gefaltet. So entsteht unten eine schmale Spitze.

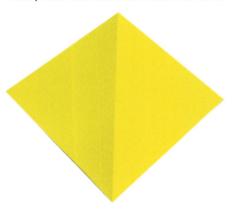

4+5 Wenn du nun beide Seiten erneut zur Mittellinie faltest, entsteht eine Raute.

6 Falte die rechte Hälfte der Raute nach links.

7 Zum Schluss musst du nur noch die untere Hälfte nach oben falten – das Ergänzungsmodul ist fertig.

SO WIRD'S GEMACHT

Zusammenstecken der Module

Die fertigen Module können nun auf verschiedene Arten zu ganz vielen Motiven zusammengesteckt werden.

Steckverbindung 1

1 Hier stehen beide Module auf ihrer langen Seite und die Doppelspitze zeigt nach links.

2 Das gelbe Dreieck wird mit der Doppelspitze in die beiden Steckschlitze des orangefarbenen Dreiecks gesteckt.

Steckverbindung 2

1 Hier steht das orangefarbene Modul auf seiner langen Seite und die Doppelspitze zeigt nach links. Beim gelben Modul zeigt die Doppelspitze ebenfalls nach links, die kurze Seite zeigt hier allerdings nach unten, die lange Seite schräg nach oben.

2 Das gelbe Dreieck wird mit der Doppelspitze in die beiden Steckschlitze des orangefarbenen Dreiecks gesteckt.

Steckverbindung 3

1 Stelle zwei orangefarbene Module so auf den Tisch, dass die Doppelspitze jeweils nach links zeigt. Links davon steht ein gelbes Modul, ebenfalls mit der Doppelspitze nach links.

2 Stecke die linke orangefarbene Spitze in den rechten Schlitz des gelben Moduls.

3 Stecke die rechte orangefarbene Spitze in den linken Schlitz des gelben Moduls.

Dieses Zusammenstecken wird beispielsweise bei der lila Blüte (Seite 50) und beim Pfauenschwanz (Seite 54) benötigt.

61

Buchtipps für Sie

TOPP 5253
ISBN 978-3-7724-5253-6

TOPP 5254
ISBN 978-3-7724-5254-3

TOPP 5721
ISBN 978-3-7724-5721-0

TOPP 3282
ISBN 978-3-7724-3282-8

TOPP 3383
ISBN 978-3-7724-3383-2

TOPP 3139
ISBN 978-3-7724-3139-5

TOPP 3724
ISBN 978-3-7724-3724-3

TOPP 3702
ISBN 978-3-7724-3702-1

TOPP 3678
ISBN 978-3-7724-3678-9

Bastelideen für Kinder

Basteln, das heißt spielen, staunen, begreifen, lernen und die eigene Kreativität entdecken. Ob hübsche Dekoration, tolle Bastelidee oder spielerische Förderung: In diesen Büchern werden Sie garantiert fündig.

QUICKFINDER

3

Die drei einfachsten Modelle

Hübsche Kronen ▶ 06
Wendige Schlangen ▶ 22
Tannenbäume ▶ 52

Die drei tollsten Geschenkideen

Dekorative Herzen ▶ 08
Einfache Sternringe ▶ 12
Hübsche Marienkäfer ▶ 28

x

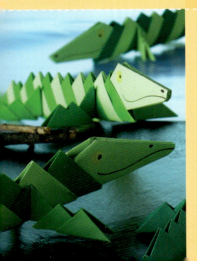

Die drei kniffligsten Modelle für Tüftler

Flinke Krokodile ▶ 36
Prächtige Pfaue ▶ 48
Blumen mit Stiel ▶ 50

3

Armin Täubner lebt mit seiner Familie auf der Schwäbischen Alb und ist seit über 25 Jahren als ungemein vielseitiger Autor für den frechverlag tätig. Eigentlich ist er Lehrer für Englisch, Biologie und Bildende Kunst. Durch seine Frau, die unter ihrem Mädchennamen Inge Walz noch heute Bücher zu den verschiedensten Techniken im frechverlag veröffentlicht, kam der Allrounder zum Büchermachen. Zweifelsohne ein Glücksfall für die kreative Welt! Es gibt fast kein Material, das Armin Täubners Fantasie nicht beflügelt, und kaum eine Technik, die er sich nicht innerhalb kürzester Zeit angeeignet hat. Sein liebstes Material ist und bleibt aber Papier.

DANKE!

Wir danken der Firma Ludwig Bähr, Kassel, für die freundliche Bereitstellung von Material.

TOPP – Unsere Servicegarantie

WIR SIND FÜR SIE DA! Bei Fragen zu unserem umfangreichen Programm oder Anregungen freuen wir uns über Ihren Anruf oder Ihre Post. Loben Sie uns, aber scheuen Sie sich auch nicht, Ihre Kritik mitzuteilen – sie hilft uns, ständig besser zu werden.

Bei Fragen zu einzelnen Materialien oder Techniken wenden Sie sich bitte an unseren Kreativservice, Frau Erika Noll.
mail@kreativ-service.info
Telefon 0 50 52 / 91 18 58

Das Produktmanagement erreichen Sie unter:
pm@frechverlag.de
oder:
frechverlag
Produktmanagement
Turbinenstraße 7
70499 Stuttgart
Telefon 07 11 / 8 30 86 68

LERNEN SIE UNS BESSER KENNEN! Fragen Sie Ihren Hobbyfach- oder Buchhändler nach unserem kostenlosen Kreativmagazin **Meine kreative Welt**. Darin entdecken Sie vierteljährlich die neuesten Kreativtrends und interessantesten Buchneuheiten.

Oder besuchen Sie uns im Internet! Unter **www.frechverlag.de** können Sie sich über unser umfangreiches Buchprogramm informieren, unsere Autoren kennenlernen sowie aktuelle Highlights und neue Kreativtechniken entdecken, kurz – die ganze Welt der Kreativität.

Kreativ immer up to date sind Sie mit unserem monatlichen **Newsletter** mit den aktuellsten News aus dem frechverlag, Gratis-Bastelanleitungen und attraktiven Gewinnspielen.

IMPRESSUM

FOTOS: frechverlag GmbH, 70499 Stuttgart; lichtpunkt, Michael Ruder, Stuttgart; Armin Täubner (Seite 64, alle Arbeitsschrittfotos)
PRODUKTMANAGEMENT UND LEKTORAT: Claudia Mack
GESTALTUNG: Petra Theilfarth
DRUCK UND BINDUNG: Finidr s.r.o., Cesky Tesin, Tschechische Republik

Materialangaben und Arbeitshinweise in diesem Buch wurden von dem Autor und den Mitarbeitern des Verlags sorgfältig geprüft. Eine Garantie wird jedoch nicht übernommen. Autor und Verlag können für eventuell auftretende Fehler oder Schäden nicht haftbar gemacht werden. Das Werk und die darin gezeigten Modelle sind urheberrechtlich geschützt. Die Vervielfältigung und Verbreitung ist, außer für private, nicht kommerzielle Zwecke, untersagt und wird zivil- und strafrechtlich verfolgt. Dies gilt insbesondere für eine Verbreitung des Werkes durch Fotokopien, Film, Funk und Fernsehen.

Auflage:	6.	5.	4.	3.	2.	
Jahr:	2013	2012	2011	2010	2009	[Letzte Zahlen maßgebend]

© 2009 frechverlag GmbH, 70499 Stuttgart

ISBN 978-3-7724-5812-5 • Best.-Nr. 5812